달려가도
지치지 아니하며

프랜 쇼카

"걸어가도 피곤치 아니하며"의 저자

네비게이토 출판사
TO KNOW CHRIST AND TO MAKE HIM KNOWN

네비게이토 선교회는
국제적이며 복음적인 기독교 기관이다.
예수 그리스도께서는 자기를 따르는 자들에게
"너희는 가서 모든 족속으로 제자를 삼으라"
(마태복음 28:19)는 지상사명을 주셨다.
네비게이토 선교회는 세계 모든 국가에서
예수 그리스도의 일꾼들을 배가시켜
이 지상사명의 성취를 돕는 것을
근본 목표로 하고 있다.

네비게이토 출판사는
네비게이토 선교회의 문서 선교를 담당하고 있다.
본 출판사에서는 그리스도인의 영적 성장을 돕는
서적과 자료들을 출판하여,
그리스도인의 삶의 기초가 견고한
헌신된 제자로 성장하게 하고,
나아가 성숙한 인격과 지도력을 갖춘
일꾼이 되도록 돕고 있다.

TO RUN AND NOT GROW TIRED

Fran Sciacca

Translated by permission
Title originally published in English as
TO RUN AND NOT GROW TIRED
by NavPress, a ministry of The Navigators.
©1991 by Fran Sciacca
Korean Copyright ©1999
by Korea NavPress

차 례

서론 ··· 7
1. 한나 – 비난에 대한 대처 ······················· 9
2. 베드로 – 사랑하는 사람을 저버림 ············ 15
3. 사라 – 잘못된 소망 ··························· 23
4. 가인 – 자기 연민: 파멸로 이르는 길 ········· 29
5. 이세벨 – 다른 사람을 통제하려는 욕구 ······ 35
6. 바울 – 과거에 대한 올바른 시야 ············· 41
7. 마르다 – 분노의 위협 ·························· 47
8. 사울 왕 – 명성에 대한 욕구 ·················· 53
9. 열 명의 정탐꾼 – 마음을 좀먹는 부정적 태도 ·· 61
10. 요셉 – 희생자인가 승리자인가 ··············· 69
11. 예수님 – 사랑하는 사람의 죽음 ············· 75
12. 성령 – 오해받는 "보혜사"? ·················· 81

서론

이러므로 우리에게 구름같이 둘러싼 허다한 증인들이 있으니 모든 무거운 것과 얽매이기 쉬운 죄를 벗어 버리고 인내로써 우리 앞에 당한 경주를 경주하며, 믿음의 주요 또 온전케 하시는 이인 예수를 바라보자. 저는 그 앞에 있는 즐거움을 위하여 십자가를 참으사 부끄러움을 개의치 아니하시더니 하나님 보좌 우편에 앉으셨느니라. 너희가 피곤하여 낙심치 않기 위하여 죄인들의 이같이 자기에게 거역한 일을 참으신 자를 생각하라.

히브리서 12:1-3

영적 여행은 여러 가지 면에서 마라톤과도 같습니다. 마라톤 경기는, 곁에서 편안한 의자에 앉아 구경꾼의 입장에서 볼 때에는 전혀 경험할 수 없는, 온갖 스릴과 모험으로 가득 차 있습니다. 참으로 흥미진진합니다. 하지만 멀고 꾸불꾸불한 길을 따라 달리다 보면 전혀 예상치 못했던 영적 부상을 경험하고 어떻게 치료해야 할지 모르는 경우가 생기기도 합니다.

가장 훌륭한, 영혼의 치료자인 하나님께서는 어려운 상황에 처한 우리를 어떻게 치료해야 할지 잘 알고 계십니다. 하나님의 말씀 안에는 우리의 고통과 상처와 실망을 제대로 치료해 줄 수 있는 중요한 진리가 담겨 있습니다. 때론 고통과 상처가 너무나 심하여 우리 삶의 각 영역으로 절망의 그림자가 드리우며, 그 영향이 계속 확대되어 가기도 합니다. 그러나 전능하신 하나님께서는 우리를 도우실 수 있으며, 특히 우리가 경주를 하다가 넘어지거나 다리를 절뚝거릴 때는 더욱 그러합니다.

이전에 내가 쓴 "걸어가도 피곤치 아니하며"(1997, 네비게이토 출판사)에서는 성경에 나오는 인물들이 겪는 문제들에 초점을 맞추었는데, 이 문제들은 오늘날에도 여전히 경험하는 것들입니다. 본서 "달려가도 지치지 아니하며"에서도, 하나님께서 우리의 개인적인 사정을 어떻게 이해하시며, 어떻게 하나님의 해결책으로 때에 맞게 인도해 주시는지에 대하여 살펴보고자 합니다.

본서를 통해 당신은 "믿음의 주(主)요 온전케 하시는 이"인 예수님께 초점을 맞춤으로써 새로운 영적 활력을 얻을 수 있을 것입니다. 열두 과로 구성된 본서에서는 우리에게 인상적인, 성경의 몇몇 장면을 다루고 있습니다. 그중에는 고난 가운데서도 삶의 어려움을 믿음으로 이기고 지금은 하나님의 영원한 은혜를 증거하는 증인으로서 우리 앞에 서 있는 사람도 있는 반면, 하나님을 경외할 줄 모르고 자기 나름으로 살다가 영적으로 실패한 삶을 살아 우리에게 교훈과 경계가 되는 사람도 있습니다. 우리가 하나님의 부르심을 좇아 경주를 하다가 지쳐서 어찌할 바를 모르고 있을 때, "구름같이 둘러싼 허다한 증인들"의 삶은 하나님의 능력을 간절히 바라고 있는 우리에게 통찰력과 능력과 새로운 약속을 얻을 수 있는 놀라운 자원이 됩니다.

1. 한나

- 비난에 대한 대처 -

원리

다른 사람의 비난과 모욕을 가장 잘 다루는 길은 이를 하나님께 아뢰는 것입니다.

> 인내는 당신이 깎아 내리고 싶은 사람을 참을 줄 아는 능력이다.
> - U. 러퍼트

관찰

신체적 박해와 말로 하는 비난 가운데 무엇이 더 상처를 준다고 말하기란 쉽지 않습니다. 다른 사람이 당신을 치면, 당신의 몸은 피가 나거나, 부어 오르거나, 멍이 들기도 합니다. 무언가 증상이 있어서 다른 사람들이 참으로 당신이 상처를 입었다는 것을 알 수 있습니다. 그러나 말로 말미암아 입은 상처는 그런 눈에 보이는 분명한 부상의 흔적이 없습니다. 사실상, 혹독한 비난의 말로 생긴 상처는 대개 그런 말을 들은 후 상당 시간이 지나서야 모습을 드러냅니다.

이 고통스런 과정은 비난이 규칙적으로 반복될 때 더욱 고통스럽습니다. 날이면 날마다 어김없이 혹독한 말을 하고 비난하며 헐뜯는 사람을 직접 대면해야 한다면 이는 참으로 참기 힘듭니다.

한나가 바로 그런 상황에 처해 있었습니다. 엘가나라는 사람의 아내

였는데, 자식이 없었습니다. 한나에게는 불행한 일이었지만, 엘가나에게는 브닌나는 다른 아내가 있었습니다. 브닌나는 자식이 많았습니다. 매일 아이들의 떠들썩한 소리를 들으며 한 집에서 사는 것만으로도 한나로서는 자기가 아이를 낳지 못한다는 것이 계속 생각나 고통스러웠을 것입니다. 그런데 한나는 "경쟁자"인 브닌나가 자기를 계속 비난하는 말을 듣고도 참아야 하는 불행한 나날을 보내고 있었습니다. 브닌나는 한나를 계속 공격하여 한나가 울음을 터뜨리고 더 이상 먹지 않는 지경으로까지 몰아넣었습니다. 한나에게는 집이 위로와 안식의 장소가 아니라 고통과 치욕의 장소가 되었습니다.

그러나 한나는 이런 지속적인 모욕과 비난을 경건하게 다룸으로써, 비난과 수치스런 말을 듣는 가운데서도 하나님을 알면 전혀 다른 삶을 살 수 있다는 좋은 본을 보여 주고 있습니다.

성경 구절

사무엘상 1:1-2:11

질문

1. 한나는 얼마나 심한 상처를 받았습니까? 본문 가운데서 당신의 설명을 뒷받침할 수 있는 내용을 찾아보십시오.

2. 브닌나의 말과 행동이 의도적인 것이며 악의가 담겼다는 것을 어떻게 알 수 있습니까?

3. 남편의 행동은 왜 한나의 고통을 완화시키기보다는 더욱 심하게 만들었다고 생각합니까? 사무엘상 1:4-8

4. 다른 사람의 말 때문에 상처를 입었을 때, 우리는 상처받은 것을 다른 누군가에게 알리거나 혹은 상처를 입힌 사람을 깎아 내리고자 하는 유혹을 받습니다. 한나는 어떻게 행동했습니까? 이런 태도가 왜 중요합니까?

5. 한나는 눈에 보이는 상황은 하나도 변하지 않았을 뿐만 아니라 이전과 동일한 문젯거리가 남아 있는 집으로 돌아와야만 했습니다. 그런던 한나의 처지를 생각할 때, 사무엘상 1:18을 어떻게 설명할 수 있겠습니까?

6. 사무엘상 2:1-10에 나오는 한나의 기도를 살펴보십시오. 아이를 주신 것에 대한 내용은 **빼고**, 한나가 하나님의 성품과 공의로우심에 대하여 언급한 구절을 찾아 아래에 기록하십시오.

하나님의 성품에 대한 언급	구절

하나님의 공의로우심에 대한 언급	구절

교훈

"마음이 괴로워서"(10절), "고통"(11절), "마음이 슬픈"(15절), "원통함과 격동됨이 많음"(16절)과 같은 말로 그 마음을 묘사할 수 있는 상황에 처한 사람은 그 누구든지 단지 어느 한 순간의 불행을 경험하고 있는 것이 아닙니다. 한나는 함께 살고 있는 사람의 지속적인 비난으로 말미암아 큰 상처를 입고 아픔을 느끼는 상황 가운데 있었습니다. 남편인 엘가나는 날마다 한나를 공격하는 브닌나를 제재하지 않음으로 그 상처를 더 깊어지게 하였습니다. 한나의 문제를 대화를 통해 이해하며 민감하게 대처하기보다는 단지 선물을 주어 그 고통을 잊게 하려고 했습니다.

한나가 발견할 수 있었던 유일한 위로는 바로 주님 앞에 나아가는 것이었습니다. 성전에서 주님께 자기의 마음을 쏟았습니다. 그곳에서도 한나는 제사장 엘리에게 술에 취했다고 오해를 받기까지 했습니다.

한나가 아들을 원하며 간절히 하나님께 기도한 것은 사실이지만, 또한 하나님께서 자기 기도에 분명히 응답해 주실 것이라는 보장도 없는 상태에서 집으로 돌아온 것도 사실입니다. 엘리의 축복이 있었기는 했지만 이는 다분히 형식적인 것이었습니다.

한나의 위로와 평안은, 너무도 원통하고 괴로운 자기의 심정을 여호와 하나님께 그대로 토한 데서 비롯된 것이었습니다. 하나님 앞에서 시간을 보냄으로 말미암아 한나는 브닌나를 대할 새로운 힘을 얻은 것입니다. 이렇게 함으로써 한나는 자기와 비슷한 내적 고통을 겪는 사람들을 위해 좋은 본을 만들게 된 것입니다.

적용 질문

7. 당신은 다른 사람에게 말할 때, 대개 냉소적이거나 비판적입니까? 아니면 위로와 격려를 줍니까? 설명해 보십시오.

8. 가. 당신의 삶에서 "브닌나"는 누구입니까? (어쩌면 당신 자신이 당신에 대해 가장 비판적인 사람일지도 모릅니다.) 이 사람에 대한 당신의 반응은 한나의 반응과 어떻게 비교가 됩니까?

    나. 어떤 변화가 필요합니까? 지속해야 할 것은 무엇입니까?

9. 때로는 당신이 다른 사람에게 "브닌나"가 될 수도 있습니다. 만약 그렇다면, 그에게 어떻게 대하는 것이 최선인지를 생각해 보십시오. 변화가 필요한 것을 기록해 보고, 어떻게 실행할 것인지 계획을 세워 보십시오.

    · 필요한 변화:

    · 실행 계획:

성경 암송

비난에 대한 올바른 태도 - 베드로전서 2:23
덕을 세우는 말 - 에베소서 4:29

2. 베드로

- 사랑하는 사람을 저버림 -

원리

다른 사람 혹은 자기 자신을 지나치게 의지하면 언제나 기대가 무너지고 관계가 깨지는 결과를 낳습니다.

> 형통할 때에는 친구가 많지만, 곤경에 처하면 진정한 친구가 누군지 안다.   - C. 콜린스

관찰

사도 베드로는 참으로 열심 있는 사람이었습니다. 그는 자기가 하는 모든 일에 100퍼센트 자기를 드렸습니다. 베드로와 같은 스타일의 사람들은 언제나 성공의 환희도 맛보고 패배의 쓴맛도 보게 됩니다. 그들은 삶의 모든 영역에 접근하는 방식이 몸을 사리지 않고 온몸을 내던지는 스타일이기 때문입니다.

베드로는 오순절 성령 강림, 놀라운 전도 집회, 심한 박해, 그리고 기적적인 "감옥 탈출"을 경험했습니다. 또한 예수님과 늘 함께 다니던 "세 명의 제자들" 가운데 한 명이었으며, 변화산에서 변형되신 예수님 모습도 보았고, 부활하신 예수님도 목격한 사람이었습니다.

베드로는 예수님께 열정적으로 헌신하였습니다. 또한 자기의 헌신을 가장 많이 말로 표현한 사람이었습니다! 필요하다면 주님을 위해 목숨

을 내놓겠다고까지 했습니다. 그냥 해본 말이 아니었습니다. 그 속에는 틀림없이 실행하려는 의지가 담겨 있었습니다.

깊은 헌신과 열정에도 불구하고 베드로는 주님을 저버리는 행동을 하게 되었습니다. 이는 책임을 무시한 것이 아니었습니다. 명령받은 것을 행하지 못한 그런 것이 아니었습니다. 신뢰 관계를 깨뜨린 것이었습니다. 사랑의 관계를 의식적으로 부인한 것이었습니다. 예수님께서 베드로를 필요로 하셨을 때, 베드로는 알면서도 주님을 모른다고 세 번이나 부인한 것입니다!

결과적으로 베드로는, 하나님이 아니라 사람을 안전의 근거로 삼을 때 다른 사람과 우리 자신에게 일어날 결과가 무엇인지를 보여 주는 본보기가 되었습니다.

성경 구절

마태복음 26:57-75

질문

1. 다음 구절을 살펴보십시오. 몇 차례 읽으면서 주의 깊게 생각하십시오. 그리고 베드로에 대하여 배운 것을 기록하십시오. 베드로가 자기를 어떻게 생각했는가를 주목하여 보십시오.

   마가복음 8:31-34

   요한복음 13:1-9

   마가복음 14:27-31

베드로 - 사랑하는 사람을 저버림 17

2. 마가복음 14:32-42에는 베드로가 주님을 부인한 배경에 대한 기록이 좀더 나옵니다. 이 구절을 주의 깊게 읽고, 베드로의 실패에 대하여 더 알려 주는 것을 기록하여 보십시오.

3. 가. 베드로는 겟세마네 동산에서 군병들이 예수님을 체포하려 하자 강력하게 대항하였습니다(요한복음 18:1-11). 그는 틀림없이 이것이 자기가 예수님을 위해 죽을 수 있는 기회라 생각했고, 단단히 마음의 준비가 되어 있었습니다! 그러나 불과 몇 시간 뒤에, 베드로는 예수님을 알면서도 공개적으로 모른다고 부인하였습니다. 마가복음 14:66-72을 살펴보십시오. 맨 처음 베드로의 마음을 풀어지게 하여 결국에는 부끄러운 행동을 하게 만든 사람은 누구입니까?

   나. 이 상황에서, 사랑하는 사람을 저버리고자 하는 유혹과 연관하여 무엇을 배울 수 있습니까? (베드로가 동산에서 보여 준 태도나 행동과 비교하여 보십시오.)

4. 베드로는 닭이 울었을 때 어떻게 느꼈으리라고 생각합니까(마가복음 14:72)? 왜 그렇습니까?

5. 요한복음 21:15-19에는 이 이야기의 아름다운 결말이 나옵니다. 우리가 하나님과의 관계에서 "실패"할 때 기억해야 할, 이 영광스러운 소망의 메시지가 무엇인지를 설명해 보십시오.

6. 우리가 하나님을 저버린다고 해도 하나님께서는 언제나 용서해 주신다는 사실을 알면 참으로 격려가 됩니다. 그러나 우리가 다른 사람들을 저버리거나, 또는 다른 사람들이 우리를 저버리면 어떻게 됩니까? 언제나 관계가 완전히 회복된다는 보장이 있습니까? 그런 일이 일어나지 않게 해주는 안전 장치가 있습니까? 아래에 소개한 구절을 찾아보고, 그런 경우에 적용할 수 있는 원리를 적어도 한 가지씩 찾아보십시오.

구절	원리
잠언 18:19	
잠언 20:6	
이사야 2:22	
요한복음 2:23-25	
로마서 15:1	
골로새서 3:13	

교훈

베드로는 자기의 헌신에 대하여 실제보다 부풀려 생각하고 있었습니다. 그는 자기에 대하여 자신만만한 나머지, 자신의 약점을 제대로 보지 못하였습니다. 그래서 "나는 어떠 어떠한 잘못(또는 죄)은 절대로 저지르지 않을 거야"라고 믿었던 것입니다! 결과적으로, 그는 명백한 상황에 대해서는 준비가 되어 있었지만, 예상치 못한 상황에서는 약함을 드러낼 수밖에 없었습니다. 뽐내던 태도는 눈 깜짝할 사이에 두려움으로 바뀌었고, 주님과 함께 죽을지언정 주님을 부인하지 않겠노라던 약속을 저버리고 주님을 부인하고 말았습니다.

그러나 하나님께서는 우리의 실패와 죄악이 타락한 인간 본성의 한 부분임을 잘 알고 계십니다. 그래서 우리가 회개하고 용서를 구하기만 하면 언제나 관계를 회복하여 주십니다. 예수님께서는 베드로에게 주님께 대한 사랑을 다시 확증할 기회를 세 번이나 주셨습니다. (베드로가 주님을 부인한 횟수와 같습니다.) 우리가 여기서 배우게 되는 사실은, 사람은 끊임없이 하나님을 저버리고, 서로를 저버린다는 것입니다. 이 실패의 교훈을 어떻게 받아들일 것인가는 전적으로 우리 자신에게 달려 있습니다.

적용 질문

7. 최근에 하나님을 크게 저버린 적이 있습니까? 그때 어떻게 행동하였습니까? 당신은 하나님께서 당신을 "회복"시켜 주시기를 원합니까?

8. 당신이 절대로 범하지 않을 것이라고 생각하는 죄가 있습니까? 만

약 그렇다면, 몇 가지만 아래에 적어 보십시오. 왜 그렇게 생각하는지를 설명해 보십시오.

 9. 최근에 다른 사람이 당신을 저버린 경우가 있다면, 이를 설명해 보십시오.

10. 하나님께서는 당신이 이 상황을 어떤 식으로 다루기 원하신다고 생각합니까?

11. 우리가 다른 사람을 저버릴 수 있는 영역에 대하여 몇 가지를 열거합니다. 당신 편에서 최근에 잘못을 범한 영역을 모두 표시하십시오. 주어진 여백에, 당신이 잘못을 범한 상대방의 이름을 당신만 알게 기록하십시오.

　　□ 비밀을 지키지 않음 ＿＿＿＿＿
　　□ 약속을 어김 ＿＿＿＿＿
　　□ 사랑하는 사람을 변호해 주지 않음 ＿＿＿＿＿
　　□ 용서하지 않음 ＿＿＿＿＿
　　□ 남의 험담을 함 ＿＿＿＿＿
　　□ 정직하게 행치 않음 ＿＿＿＿＿
　　□ 비현실적인 기대를 함 ＿＿＿＿＿
　　□ 비판함 ＿＿＿＿＿
　　□ 기타 ＿＿＿＿＿＿＿＿＿＿

12. 앞 문제의 목록을 살펴보십시오. 당신이 잘못을 범한 사람을 한 사람을 선택하십시오. 그 사람에게 앞으로 잘못을 범하지 않기 위해 할 수 있는 일을 기록하십시오. 이에 대한 구체적인 실천 계획을 세우십시오.

성경 암송

사람을 의지하지 말 것 - 이사야 2:22
잘못을 인정하고 용서를 구함 - 마태복음 5:23-24

3. 사라

- 잘못된 소망 -

원리

변함없는 하나님의 성품에 기초하지 않은 소망은 우리를 환멸과 실망에 이르게 할 뿐입니다.

> 어떤 상황이나 사람에 대해 소망이 없다고 말할 때 당신은 하나님 면전에서 문을 쾅 닫고 있는 것이다. — C. 앨린

관찰

소망에 관한 이야기는 아주 많습니다. 인생의 폭풍을 견디며, 대적을 물리치고, 한 시대를 구한 영웅의 이야기는 우리 모두가 좋아하는 것이며, 사람들은 저마다 자기가 좋아하는 영웅이 있습니다. 그러나 이런 이야기는 대개 오직 선택받은 몇 사람에게나 해당됩니다. 그들은 남다른 재능과 능력과 힘이 있게 마련입니다.

대부분의 사람들은 깨어진 소망과 꿈으로 가득 찬 인생을 살아갑니다. 인생은 고달프고, 어떤 사람들에게는 계속 더욱 힘들어지는 것처럼 보입니다. 지속적으로 어려움과 실망이 다가오는 인생에서 어떻게 참된 소망을 유지하며 살아갈 수 있습니까?

족장이었던 아브라함의 아내 사라는 상식을 초월한 소망을 갖도록 도전을 받았습니다. 하나님께서는 사라의 남편에게 열국의 아비가 될 것

이라는 약속을 주셨습니다. 그러나 사라는 늙었고, 이미 잉태할 힘을 잃었던 형편이었습니다! 사라의 삶을 살펴보면, 우리와 유사하며 우리에게 익숙한 행동 패턴이 있음을 알게 됩니다. 사라는 마침내 올바른 곳에 소망을 두게 되었습니다. 그러나 지쳐서 포기하기 전까지는 다른 가능성들을 먼저 바라보았습니다. 다른 모든 가능성이 사라졌을 때 비로소 유일한 소망이신 주님만을 바라보게 된 것입니다.

성경 구절

창세기 17:1-22, 18:1-15

질문

1. 우리 삶에 왜 소망이 중요한지를 설명해 보십시오(잠언 13:12).

2. 다음 구절은 아브라함과 사라의 인생에서 몇 개의 중요한 시점을 보여 줍니다. 그때마다 하나님께서는 아브라함에게 나타나셔서 뭔가를 말씀해 주셨습니다. 하나님께서 하신 말씀을 남편에게서 들었을 때 아내인 사라는 어떤 생각과 느낌을 가졌을까요? 당신 자신의 말로 요약해 보십시오.

창세기 12:1-9(65세)

창세기 15:1-5(70세)

창세기 16:1-4,15-16(76세)

창세기 17:1-8,15-22, 18:1-15(90세)

3. 사라의 생각에서 나타나는 변화의 추이를 살펴보십시오. 어떤 변화를 볼 수 있습니까? 사라는 소망을 잃지 않기 위해 어떤 노력을 하고 있습니까?

4. 다음 구절을 찾아보십시오. 각 구절을 주의 깊게 읽고, 소망의 본질에 대하여 당신이 발견한 내용을 기록해 보십시오.

구절	소망의 본질
시편 31:24	
시편 39:7	
로마서 8:24	

구절	소망의 본질
로마서 15:4	
히브리서 6:19	

5. 예레미야는 올바른 소망과 그릇된 소망을 가진 사람을 비교하였습니다. 둘의 차이는 소망을 어디에 두느냐에 있습니다. 당신 자신의 말로 각각을 묘사하여 보십시오.

· 그릇된 소망 또는 "믿음(의지, 의뢰)"(예레미야 17:5-6):

· 올바른 소망 또는 "믿음(의지, 의뢰)"(예레미야 17:7-8):

교훈

처음에 사라는 변치 않는 하나님의 성품이 아닌 다른 것에 소망을 두려고 했습니다. 아이를 가질 수 있는 자기의 능력을 의뢰하였던 것입니다. 그러나 결국에 이는 실패하였습니다. 그리고 나서 사라는 자기 나름의 계획을 세워 하나님께서 아브라함에게 약속한 아들이 언제 어떻게 태어날지를 결정하려 했습니다. 그러나 역시 이 방법도 씁쓸한 결과를 낳았습니다. 결국 사라는 모든 것을 "포기"하고 하나님은 능력이 없거나 자기들을 속이고 있다는 생각을 했을지도 모릅니다.

하나님께서는 사라가 현실을 바라보며 회의에 빠져 있을 바로 그때에 아브라함에게 나타나 아내 사라에 대한 말씀을 해주셨습니다. 자기 능력으로는 아이를 갖지 못하는 사라가 아들을 낳을 것이라고 하신 것입니다!

사라는 자기의 계획이 좌절되고 자기의 자원이 바닥났을 때 비로소 눈이 뜨여 한 가지 분명한 진실과 맞딱뜨리게 되었습니다. 즉, 자기 스스로 하나님의 약속을 성취할 수 있는 가능성이 있을 때에는 하나님께 소망을 두기가 쉽다는 사실입니다. 하지만 이런 소망은 하나님의 변치 않는 성품에 근거한 것이 아니기에, 말만 하나님께 소망을 두는 것이지 사실은 자기 자신의 능력을 의지하는 것입니다. 하나님에 대한 몇 가지 모호한 개념을 섞어 그럴 듯하게 위장한 것에 불과합니다.

적용 질문

6. 최근에 사라처럼 느끼고 행동한 경우를 기록해 보십시오.

7. 상황이 나아지기는커녕 점점 악화되고 있을 때 하나님께 대한 진정한 소망을 유지하는 것이 가능하다고 생각합니까? 설명해 보십시오.

8. 로마서 15:4에서 소망을 가지게 하려고 한다는 바울의 말을 다시 살펴보십시오. 소망을 계발하는 데 필요한 두 가지 요소 가운데 당신에게 필요한 것은 무엇입니까?

☐ 인내
☐ 성경의 안위

이 영역에 대하여 무엇을 어떻게 할 것인지를 기록해 보십시오.

9. 이 과에서 배운 교훈을 기초로 생각해 볼 때, 문제 6에서 기록한 환경과 비슷한 경우를 다시 만난다면, 이번에는 어떻게 행동할 것 같습니까? 전과는 다르게 행동할 것 같습니까? 어떻게 행동할 것인지 적어 보십시오.

10. 왜 하나님의 성품에 기초한 소망이 다른 모든 종류의 소망(예를 들어, 장래에 대한 소망, 성공에 대한 소망 등)의 기초가 됩니까?

성경 암송

소망을 계발하기 위한 요소 - 로마서 15:4
소망의 올바른 초점 - 시편 39:7

4. 가인

– 자기 연민: 파멸로 이르는 길 –

원리

자기 자신에 대하여 연민을 느끼는 것은 파괴적인 감정과 행동으로 내려가는 계단에 첫발을 내딛는 것입니다.

> 자기 자신을 꽁꽁 감싸게 되면 속이 아주 좁아진다.
>
> – J. 러스킨

관찰

가인과 아벨은 사람이 처음으로 낳은 자녀들이었습니다. 아담과 하와는 이들에 대해 커다란 자부심을 가졌습니다. 그러나 이 두 아들의 이름이 결국에는 가정에서 일어날 수 있는 모든 잘못된 일의 대명사로 사람들 입에 오르내리게 될 줄은 꿈에도 몰랐습니다. 가인과 아벨은 형제이면서 최악의 경쟁 관계를 겪었고, 인간 갈등의 전형적 예가 되었습니다.

그러나 어떤 일이 일어났는가에 대해서는 잘 알고 있지만, 가인이 왜 분을 내었는지를 제대로 이해하는 사람은 별로 없습니다. 무엇 때문에 가인이 자기의 동생을 죽였습니까? 성경에는 선명하게 기록되어 있지 않지만, 충분히 설명할 수 있는 단서를 제공하기는 합니다. 그리고 더욱 중요한 것은 가인의 비극적인 삶은 우리 자신의 삶에도 동일한 경향이 있음을 경고해 주고 있다는 것입니다.

성경 구절

창세기 4:1-17

질문

1. 가. 두 젊은이 가운데 누가 더 힘든 삶을 살았으며 왜 그랬는지를 간단히 설명해 보십시오. 창의적으로 생각하십시오. (창세기 4:2을 보십시오. 또한, 창세기 1:29-30, 3:17-19을 참조하십시오. 힌트: 사람들이 고기를 먹기 시작한 것은 노아의 홍수 이후였습니다. 창세기 9:1-3을 참조하십시오.)

 나. 이런 사실이 어떤 식으로 가인의 마음에 자기 연민을 느끼게 했습니까?

2. 자기 연민은 언제나 누군가 다른 사람과의 비교에서 시작합니다. 가인의 경우에 이 원리가 적용되는 것을 어떻게 알 수 있습니까? 창세기 4:3-5

3. 하나님께서는 가인이 감정적으로 기로에 서 있을 때 그를 만나셨습니다(창세기 4:6-7). 이 순간에 가인이 선택할 수 있었던 것은 무엇이었습니까? 하나님께서는 어떤 권면을 하셨습니까?

· 가인의 선택안:

· 하나님의 권면:

4. 자기 연민의 전형적 패턴을 다음에 소개합니다. 다음 네 단계를 사용하여 가인의 삶에서 이 패턴을 확인해 보십시오.

    단계 1- 다른 사람과 비교하여, 인생이 "공평하지 않다"는 결론을 내린다.

    단계 2- 자기의 실상을 인정하지 않는다.

    단계 3- 자기의 죄를 인정하기보다는 다른 사람을 비난한다.

    단계 4- 다른 사람(하나님도 포함됨)에게 분을 내고, 자신을 고립시킨다.

5. 누가복음 15:11-32에 나오는 예수님의 비유를 보면, 동생("탕자")에게는 불순종이라는 문제가 있었습니다. 그러나 우리는 형의 태도와 행동을 통해서(28-30절) 자기 연민의 속성에 대하여 배울 수 있습니다. 이 구절을 읽고 이 두 형제의 갈등 관계를 가인과 아벨의 갈등 관계와 비교하여 보십시오. 비슷한 점이 무엇인지 설명해 보십시오.

6. 고린도후서 10:3-7에서 바울은 영적 전쟁에 대한 건전한 지침을 제공해 줍니다. 그중에서 자기 연민과 싸우는 우리에게 적용이 될 수 있는 지침이 있습니다. "모든 이론을 파하며 하나님 아는 것을 대적하여 높아진 것을 다 파하고, 모든 생각을 사로잡아 그리스도에게 복종케 하니." 이 구절에서는 우리가 자기 연민과 싸워야 할 곳이 어디라고 말합니까? 또한, 자기 연민과 어떻게 싸워야 한다고 가르쳐 주고 있습니까?

7. 로마서 9:20-21에서 비교하고 불평하는 것에 대하여 배울 수 있는 기본적인 진리는 무엇입니까?

교훈

가인은 인생이 불공평하다는 결론을 내리고 있었습니다. 그에게는 자기 동생이 "모든 것을 가진" 자처럼 보였습니다. 가인이 땀을 흘리며 수고하고, 곡식을 자라지 못하게 하는 잡초와 씨름하고 있을 때(이는 부모의 불순종 때문에 생긴 결과였습니다!), 동생은 그늘에 앉아서 양떼를 돌보고 있었습니다. 가족들은 먹을 것을 위해 가인을 의지해야만 했습니다. 이에 비해 아벨의 양과 염소는 단순히 "사치품"에 불과했습니다! (홍수 전에는 사람들이 고기를 먹지 않았다는 것을 기억하십시오.)

가인은 올바로 생각할 수 있는 능력을 잃었습니다. 그의 세계는 오직 하나만 생각할 수 있을 정도로 좁아졌습니다. 바로 자기 자신만 생각한 것입니다! 자기 연민은 중독 증세가 있는 사고 방식으로서, 종종 후회되는 행동을 낳는데, 가인은 하나밖에 없는 자기 동생을 죽였습니다.

우리들 중에 자기 연민의 무서운 촉수(觸手)의 공격에서 벗어나 있는 사람은 아무도 없습니다. 다른 사람과 자기의 운명을 비교하는 경향은 오늘을 사는 우리에게도 여전히 유혹이 되는 것입니다. 다른 사람이 더 나은 직업, 건강한 신체, 이해심 깊은 배우자, 더 큰 집, 넉넉한 은행 예금 등을 소유했다고 생각하면서, 하나님께서 우리에게 주신 것을 하나님께서 다른 사람에게 주신 것과 비교합니다. 우리도 역시 올바로 생각할 수 있는 능력을 잃을 수 있습니다. 그리고 우리도 역시 가인처럼 파괴적인 행동을 할 수 있습니다. 다른 사람에게 그런 행동을 하지 않으면 최소한 자기 자신에게라도 그런 행동을 합니다.

적용 질문

8. 최근 당신의 삶에서 자기 연민과 싸운 경우를 기록해 보십시오. 문제 4에 나온 4단계 행동 패턴을 사용하십시오.

9. 자기 자신에 대해 연민을 느끼고 있을 경우 당신이 무관심하고 소홀히하기 쉬운 사람은 누구입니까? 왜 그렇습니까?

10. 당신을 다른 그리스도인이나 불신자와 비교하며 마음에 어려움을 느낀 적이 있습니까? 설명해 보십시오.

11. 자기 연민에 대한 최고의 "해독제"는 다음과 같습니다.

    ☐ 자기 연민이 죄임을 인정하고 자백한다.
    ☐ 자신의 감정에 대하여 하나님께 정직히 아뢴다.
    ☐ 성경을 읽고 암송한다.
    ☐ 다른 사람의 필요를 채우는 일에 드려진다.
    ☐ 가까운 친구와 이를 나눈다.

    만약 최근에 당신이 자기 연민과 전쟁을 하였다면, 이 가운데 적어도 두 가지를 택하여 언제 어떻게 행동으로 옮길 것인지를 적어 보십시오.

12. 현재 당신이 자기 연민과 싸우고 있지 않을지라도 당신 주위에 누군가 자기 연민 속에 빠져 있는 사람이 있을 수 있습니다. 그 사람이 자기 연민의 상태에서 벗어날 수 있도록 당신은 어떻게 도울 수 있겠습니까?(위에서 제시한 "해독제"의 한두 가지 방법을 고려할 수 있을 것입니다.)

성경 암송

자기 연민의 심각성 - 창세기 4:7
자기 연민의 해결 - 빌립보서 2:4

5. 이세벨

- 다른 사람을 통제하려는 욕구 -

원리

당신의 권위 아래에 있는 사람을 섬기기보다는 통제하려고 하면, 지도자로서 누리는 기쁨을 권력의 제단에 제물로 바치게 될 것입니다.

> 지휘하는 것은 섬기는 것이며, 그 이상도 그 이하도 아니다.
> — A. 말로

관찰

주전 9세기경, 이스라엘 왕 아합은 이웃 이방 나라의 공주와 결혼하였습니다. 22년의 통치 기간 동안, 그 아내의 이름 "이세벨"은 모르는 사람이 아무도 없을 정도로 귀에 익은 말이 되었습니다. 하지만 그 이름은 칭송의 대상이 아니라 저주의 대상이었습니다.

이세벨은 만나는 모든 사람들을 자기 마음대로 조종하려 했으며, 엘리야 선지자가 전한 하나님의 말씀에 지속적으로 도전하였습니다. 이세벨은 언제나 마음대로 했습니다. 그리고 불행하게도 이세벨의 마음에 들지 않은 사람은 화를 당해야 했습니다! 이세벨은 다른 사람의 머리 위에 있어야 행복을 느끼는 사람이었습니다. 이세벨의 이름은 권력에 굶주리고 배울 줄 모르는 교만한 사람의 화신으로 성경에 영원히 남게 되었습니다.

성경 구절

열왕기상 21:4-16

질문

1. 아래에 이세벨의 조종 아래에 있던 사람과 영역의 일부를 소개합니다(분명한 것도 있고 암암리에 속한 것도 있습니다). 각 구절을 주의 깊게 묵상하고, 이세벨이 어떤 식으로 조종하고 통제하였는가에 대하여 관찰해 보십시오. 이세벨이 사용한 방법을 간략한 문장으로 기록하십시오.

   · 하나님의 선지자들(열왕기상 18:3-4).

   · 바알과 아세라의 거짓 선지자들(열왕기상 18:19).

   · 이스르엘 성의 장로들(열왕기상 21:5-14).

   · 남편인 왕(열왕기상 21:7,15-16,25).

   · 하나님의 선지자 엘리야(열왕기상 18:40, 19:1-4).

2. 초대 교회의 인물 가운데는 "으뜸 되기를 좋아하는" 디오드레베라는 사람이 있었습니다(요한삼서 9-10). 이 사람이 자기 주위 사람들을 마음대로 하기 위해 사용했던 방법을 몇 가지 적어 보십시오.

3. 다음 구절들은 높은 자리와 권력에 대한 인간의 "자연스런" 경향에 대해 다루고 있습니다. 이 구절들에서 무엇을 이끌어 낼 수 있겠습니까? 에베소서 5:22-28, 에베소서 6:1-9, 빌립보서 2:3-4, 골로새서 3:19-21, 골로새서 4:1, 베드로전서 5:2-3.

4. 왜 사람들이 권력에 대하여 지나치게 집착하고 그것을 쥐려는 태도를 보인다고 생각합니까?

5. 누가복음 22:24-27에서 예수님께서는 권위와 권력을 하나님의 방법대로 사용하는 올바른 본에 대하여 분명하게 말씀하셨습니다. 이세벨의 방법과 다른 점은 무엇입니까? 깊이 생각해 보십시오.

교훈

이세벨이 "협박의 기술"이란 책을 지었다면 아주 쉽게 썼을 것입니다. 이세벨은 인생이라는 장기판을 자기 손으로 내려치며, 자기가 하고 싶은 대로 말들이 튀어 오르고 흩어지는 것을 보며 즐거워했습니다. 또한 이세벨은 마술적인 술수에도 능하였으며, 이 일에 깊이 개입되어 있었습니다(열왕기하 9:22). 다른 사람들을 통제하고 지배하려는 욕구가 극에 달하게 되면 마술적인 술수를 동원하는 단계에 이르게 마련입니다.

이세벨의 삶은, 어떤 형태의 권위와 권력이든 그것을 가진 위치에 있는 사람들에게 생길 수 있는 유혹에 대하여 우리에게 큰 경고가 됩니다. 비록 우리 가운데에는 이세벨이 가졌던 것과 같은 권세를 가질 사람은 별로 없지만, 그럼에도 불구하고 다른 사람에게 권위를 오용하고 남용할 수 있는 죄악 된 경향이 우리에게는 여전히 있습니다.

예수님께서는 교훈과 삶을 통하여 경건한 권위란 복종시키는 것이 아니라 섬기는 것이며, 빼앗는 것이 아니라 주는 것이고, 이기적인 것이 아니라 자기를 비우는 것임을 분명히 보여 주셨습니다.

적용 질문

6. 권위나 권력을 가진 자리와, 그 자리에 따르는 책임의 이행 사이에서 당신은 어떻게 올바른 균형을 유지하고 있습니까?

7. 당신의 현재 역할 가운데, 권위, 권력 또는 통제권을 남용할 가능성이 있는 것에 표시를 하십시오.

   ☐ 부모   ☐ 배우자   ☐ 상관   ☐ 교사
   ☐ 고용주   ☐ 그룹 인도자 ☐ 감독   ☐ 친구
   ☐ 장로/집사 ☐ 전임사역자 ☐ 기타: _____

8. 당신이 표시한 것 가운데 세 개를 선택하여, 그 영역에서 당신의 현재 행동이 누구의 스타일을 닮았는지 표시해 보십시오.

관계 1 _____
나의 스타일: ☐ 예수님   ☐ 이세벨

관계 2 _____
나의 스타일: ☐ 예수님   ☐ 이세벨

관계 3 _____
나의 스타일: ☐ 예수님   ☐ 이세벨

9. 이 세 관계 가운데 하나를 택하여, 만약 당신이 이세벨의 스타일을 닮았다면 어떻게 변화시킬 수 있으며, 만약 예수님의 스타일을 닮았다면 어떻게 더욱 발전시킬 수 있는지 구체적으로 기록해 보십시오.

· 내가 할 수 있는 일:

· 어떻게 할 것인가:

10. 아마도 단순히 당신 자신의 행동을 변화시키는 것 이상이 필요할지도 모릅니다. 당신이 통제(지배)하려는 욕구 때문에 상처를 준 사람이 있을 수도 있습니다. 만일 그렇다면, 이번주에 그 사람에게 경건한 지도력과 당신 자신에 대하여 배운 바를 설명하고, 필요하다면 용서를 구하십시오.

혹은 당신의 삶에 권위를 가진 사람이 있는데, 권위를 남용함으로 말미암아 다른 사람에게 상처를 주는 사람이 있을 수 있습니다. 이번주에 그 사람을 위해 매일 기도하십시오. 그리고 그가 섬기는 지도자가 되는 것의 가치를 깨닫게 해달라고 하나님께 기도하십시오.

만약 필요하다면 그 사람에게 말하십시오.

지도력을 행사하는 방식이 당신과 다른 사람들에게 참으로 본이 되는 사람이 있다면, 간단히 몇 자 적든 전화를 하든 그에게 격려 또는 감사의 표시를 하십시오.

성경 암송

경건한 지도력의 원리 - 고린도후서 4:5
경건한 지도력의 실행 - 누가복음 22:26-27

6. 바울

- 과거에 대한 올바른 시야 -

원리

과거는 배우고 뒤로해야 할 것이지, 계속 머물러 현재의 삶을 좌우하게 해서는 안 되는 것입니다.

> 과거라는 마차를 타고서는 당신은 아무데도 갈 수 없다.
> - M. 고르키

관찰

기억은 우리 마음에 굉장히 많은 것을 가르쳐 주는 선생님입니다. 이전부터 우리 마음에 소중하게 품었던 것을 생각나게 해줌으로 지속적으로 양식을 제공해 주기 때문입니다. 그러나 기억은 또한 혹독한 감독이 될 수 있습니다. 잊어버리기를 간절히 원하지만 그럴 수 없는 과거의 기억은 우리의 감정을 다시 그 상황으로 되돌려 놓습니다.

최근에 과거의 상처를 다루는 많은 방법들이 논의되고 있습니다. 무슨 무슨 치료, 무슨 무슨 요법 등등 열거하자면 끝이 없을 정도입니다. 그렇다면, 성경에서는 과거의 상처로 복잡하게 얽힌 우리의 감정을 어떤 식으로 바라보도록 통찰력을 주고 있습니까?

우리에게는 사도 바울이라는 이름이 더 친근한, 다소의 사울 이야기는 고통으로 가득하지만 그 속에 담긴 소망과 실제적인 도움으로 말미

앞아 우리에게 새로운 빛을 제공합니다. 그의 과거는 양극단을 오갔습니다. 그는 놀라운 성공, 극심한 반대와 시련을 모두 경험한 것입니다. 그는 즐거운 기억은 물론 고통스러운 기억까지 모든 종류의 경험을 했습니다. 그러나 그가 과거에 대하여 보인 반응은 아침 뉴스만큼이나 현실적이고 실제적이었습니다. 그는 자기의 과거가 자기 삶에 강력한 영향을 미치는 것임을 제대로 파악하고 있었습니다. 그러나 그는 또한 이를 어떻게 다룰 수 있는지 알았습니다.

성경 구절

빌립보서 3장

질문

1. 빌립보서 3:5-6과 사도행전 26:4-5에서 바울은 자기의 종교적 배경에 대하여 설명하고 있습니다. 이 구절에서 바울이 어떤 사람임을 알 수 있습니까?

2. 문제 1의 대답과 마태복음 15:1-9, 21:45-46, 26:3-5, 27:41-43을 함께 살펴볼 때, 바리새인인 사울에 대하여 알 수 있는 사실은 무엇입니까?

3. 다음 구절을 기초로 하여, 사울이 무슨 일을 했는지 될 수 있는 한 자세히 기록하십시오.

사도행전 7:54-60

사도행전 8:1-3

사도행전 9:1-2

4. 바울이 자신의 과거에 대해 더 깊은 관심을 기울이며 주의 깊게 치료에 힘썼다면 한결 더 나은 삶을 살았을 것이라고 생각합니까? 설명해 보십시오.

5. 고린도전서 15:7-10을 살펴보고, 다음 질문에 답하십시오.
   · 바울이 과거를 완전히 잊지 않았다는 것을 무엇을 보고 알 수 있습니까?

   · 바울의 과거는 현재에 대한 그의 시야에 어떤 영향을 미쳤습니까?

6. 가. 빌립보서 3:10-14을 보면, 과거를 적절하고 올바르게 다룬 바울의 "비결"이 나옵니다. 그것은 무엇입니까?

나. 문제 5의 처음 질문에 대한 답을 고려해 볼 때, "뒤에 있는 것은 잊어버리고"라는 바울의 말은 무슨 의미라고 생각합니까?

7. 앞 구절들에서 배운 것을 기초로 생각해 볼 때, 빌립보서 3:15에서 바울이 의미하는 바는 무엇이라고 생각합니까?

교훈

예수 그리스도를 만나기 전, 바울의 개인적 역사(歷史)는 세상적 성공과 "종교적" 성공으로 화려하게 치장되어 있었습니다. 그러나 그에게는 또한 하나님을 대적했다는 오점이 있었습니다. 그는 많은 그리스도인 가정을 파괴하고, 교회를 파괴하며, 심지어는 믿음이 견고한 초대 교회의 사람들을 죽인 것에 대해서도 개인적인 책임이 있었습니다. 이런 생생한 기억은 바울을 늘 따라다니며 정신적인 짐이 되었습니다. 이것이 그의 마음에 깊이 박혀 있었기 때문에 그는 자신을 "사도라 칭함 받기에 감당치 못할 자"(고린도전서 15:9)라고 생각했습니다.

그러나 바울은 좋은 것이든 나쁜 것이든 과거의 수렁에 빠져 있지 않았습니다. 그는 뒤에 있는 것은 "잊어버리고" 예수님을 닮아 가는 목표를 향해 열심히 나아갔습니다. 그것이 바로 하나님께서 그에게 원하시는 것이었습니다(빌립보서 3:12-14).

바울은 그의 과거를 잊지 않았습니다. 어떻게 잊을 수 있겠습니까? 그러나 그는 과거에 집착하여 과거의 기억을 매만지며, 곰곰 되씹고, 병적으로 분석하고, 강화시키거나 하지 않았습니다. 대신에 그는 자신의 과거를 다른 사람에게 간증하기 위해 사용했으며, "나의 나 된 것은 하나님의 은혜로 된 것"(고린도전서 15:10)이라는 사실을 지속적으로 자기 자신에게 상기시키는 데 사용했습니다.

적용 질문

8. 바울은 "그리스도와 그 부활의 권능"(빌립보서 3:10)을 알고자 했으며, "흠 없고 책망할 것이 없는"(골로새서 1:22) 삶을 살기 원했습니다. 이것이 어떤 의미이며, 어떻게 이런 삶을 살 수 있다고 생각합니까?

9. 바울의 초점은 능력이 많으신 그리스도를 아는 것과 그 일에서 성장하는 것에 있었지, 어떤 장소나 때에 있지 않았습니다. 과거의 아픈 기억과 연관하여, 당신은 무엇에다 자신의 정신적 에너지를 가장 많이 쏟고 있습니까? 설명해 보십시오.

   ☐ 과거의 어떤 인물
   ☐ 과거의 어떤 장소
   ☐ 과거의 어떤 때
   ☐ 예수 그리스도
   ☐ 당신 삶에서 역사하는, 부활하신 그리스도의 능력

10. 당신이 그리스도인이 된 이후에 생긴 고통스런 일에 대해서도 이런 동일한 원리가 적용된다고 생각합니까? 설명해 보십시오.

11. 가. "그리스도와 그 부활의 능력"을 알지 못하게 당신을 막는 기억을 "굶기기" 위해 당신은 무엇을 할 수 있습니까? (말씀[골로새서

3:16, 디모데후서 3:16-17, 야고보서 1:21-22], 기도 [시편 62:8, 에베소서 6:18, 빌립보서 1:4-6,9-11], 그리고 교제 [사도행전 2:42-47, 요한일서 1:3,6-7]에 관한 구절을 읽어 보십시오.)

나. "그리스도와 그 부활의 능력"을 알고자 하는 당신의 친구를 돕기 위해 당신이 할 수 있는 것은 무엇입니까?

12. 당신의 과거를 통해 하나님의 은혜를 증거하기 위해서, 과거에 대한 당신의 시야에는 어떤 변화가 필요하겠습니까?

성경 암송

뒤에 있는 것은 잊어버림 - 이사야 43:18-19
하나님께 초점을 맞춤 - 빌립보서 3:13-14

7. 마르다

- 분노의 위협 -

원리

분노는 우리가 힘을 헛된 데 쓰며, 헛된 봉사를 하고 있고, 방향이 잘못된 열정을 가지고 있다는 것을 분명히 드러내 주는 계기판과도 같습니다. 분노를 품고 있으면 하나님께서 생각하고 계신 것보다는 사람들이 생각하고 있는 것에 더 관심을 기울이게 됩니다.

> 지구상에서 분노보다 더 빨리 사람을 진빠지게 하는 것은 없다.
> — F. 니체

관찰

예루살렘에서 3킬로미터 정도 떨어진 조그만 마을 베다니에 삼 남매가 살고 있었습니다. 언니인 마르다는 집안의 "가장" 역할을 했습니다. 동생 마리아는 사려가 깊고 묵상을 좋아했으며, 주로 옆에서 보조를 하며 돕는 일을 하였습니다. 오라비인 나사로는 두 누이의 지속적인 보살핌을 받아야만 하는 처지였습니다.

그런데 어느 날, 예수님께서 일행과 함께 마을을 방문하셨습니다. 예수님께서 마르다의 집을 방문하셨을 때, 너무도 귀한 손님이신지라 마르다는 온 정성을 다해 대접하리라 마음먹었습니다. 큰 잔치를 계획했습니다. 준비할 게 참 많았습니다. 그런데 열심히 음식 장만을 하던 도

중 마르다는 그만 동생 마리아를 보고 화가 났습니다. 원망하며 분을 내었습니다. 자기는 이렇게 음식 준비하느라 바쁜데, 마리아는 섬기기보다는 그냥 앉아 있기를 더 좋아한다는 생각이 들었기 때문입니다!

　마르다는 잘못된 열심과 비현실적인 기대가 어떤 결과를 낳는지를 잘 보여 주고 있습니다. 마르다의 이러한 행동을 통해서 우리는 누구에게나 생길 수 있는 분노라는 감정의 성격과 그 원인에 대하여 배울 수 있습니다.

성경 구절

누가복음 10:38-42, 요한복음 11:17-21, 12:1-3

질문

1. 마르다는 잔치를 준비하면서 "꼭 해야 할 일"을 어떤 식으로 결정했다고 생각합니까?

2. 가. 누가복음 10:40에서 마음이 "분주하다"고 했는데, 이는 마음이 여러 갈래로 나뉘며, 심한 부담을 느끼고 있다는 의미를 가지고 있습니다. 무엇 때문에 마르다는 마음에 부담을 느끼며 마음이 여러 갈래로 나뉘게 되었습니까?

　나. 마르다는 "혼자 일하게 두었다"고 불평하였는데, 실제로 마르다가 말한 "일"에 대한 책임은 누구에게 있습니까? 이 이야기를 통

해 분노의 원인에 대하여 배울 수 있는 한 가지 원리는 무엇입니까?

3. 분을 내고자 하는 유혹은 섬길 수 있는 능력을 가진 사람과 특별히 관련이 깊다고 보입니다. 바울은 디모데에게 주님의 종은 다투지 않도록 조심해야 한다고 가르칩니다(디모데후서 2:24). 왜 다른 사람을 섬기고 돕는 사람에게 그런 유혹이 생기게 되는 것일까요?

4. 골로새서 3:23-24 말씀을 통해 우리는 분을 내는 태도에 대하여 교훈을 얻을 수 있습니다. 이 말씀이 분노의 문제에 어떻게 적용될 수 있습니까? 왜 이 구절의 명령이 중요합니까?

5. 다음에 분노에 대한 구절을 좀더 소개합니다. 각 구절을 살펴보고, 우리가 분노하는 것은 무엇이며 왜 그렇게 되는지를 당신 자신의 말로 표현하여 보십시오.

내가 분노하는 것	왜?
잠언 3:11-12	
잠언 19:3	

교훈

마르다는 자기가 나름대로 생각한 "필요"를 채우기 위해 자기 스스로 세운 계획을 진행하는 데에 빠져 있었습니다. 그러나 불행하게도 마르다는 다른 사람들에게 무엇이 필요한지를 자기 혼자서 미리 마음에 정했습니다. 그리고는 자기의 이런 계획을 아무도 도와주지 않자 마음에 분노가 생겼습니다. 예수님께서 마르다에게 하신 말씀을 보면, 만약 마르다가 예수님께서 오셨을 때 무엇이 필요하며 무엇을 원하시는지를 처음에 미리 여쭈어 보았다면 그렇게 많은 준비를 할 필요가 없었음을 알 수 있습니다.

분노는 다른 사람에게 무언가를 주는 사람들에게 계속 붙어 다닙니다. 만약 우리가 희생하고 있는 것이 하나님께서 원하시는 것이란 확신이 없으면 결국에는 마음에 상처를 입고 분노에 빠지게 됩니다. 섬기고 희생하는 우리의 동기는 주님의 칭찬을 받기 위한 것이어야 합니다. 섬김을 받는 사람들의 인정을 받기 위한 것이어서는 안 됩니다. 나아가, 우리가 중요하다고 생각한 "필요"가 우리가 돕고자 하는 사람들에게 진정으로 필요한 것인지를 분별할 줄 알아야 합니다.

또한 우리는 때로는 친구의 충고로, 때로는 설교 말씀으로, 때로는 성경 구절을 통해서 들려 오는 주님의 가르침과 책망을 열린 마음으로 받아들여야 합니다. 그 뒷이야기가 성경에 나와 있지는 않지만, 아마도 마르다는 "조금만 차리라"는 주님의 말씀을 듣고 마음이 상하지 않고 좋은 마음으로 받아들였을 것입니다. 이렇게 함으로써, 분노가 뿌리를 내리기 전에 뽑아 내버렸으리라 생각합니다.

적용 질문

6. 욥기 5:2에는 "분노가 미련한 자를 죽이고"라는 말이 나옵니다. 왜 분노가 그처럼 해를 끼치는 감정입니까?

7. 아래에 자주 분을 내는 영역에 대하여 소개합니다. 당신이 갈등하고 있는 영역에 표시를 하십시오.

   ☐ 나는 칭찬보다는 비난을 많이 받는다.
   ☐ 관계를 유지하기 위해 내가 모든 일을 다 해야 한다.
   ☐ 나는 자녀(혹은 부모)에게 내 수고를 인정받지 못한다.
   ☐ 나는 배우자(혹은 친구)에게 내 수고를 인정받지 못한다.
   ☐ 나는 동료들에게 인정받지 못한다.
   ☐ 나는 직장에서 아무런 도움을 얻지 못한다.
   ☐ 나는 집에서 아무런 도움을 얻지 못한다.
   ☐ 내게 관심을 가져 주는 사람이 아무도 없다. 그러면서 모두들 내가 그들에게 관심을 가져 주기만을 바란다.
   ☐ 나는 내 시간이 없다.
   ☐ 기타 _____

8. 앞 문제에서 당신이 표시한 것을 다시 살펴보십시오. 그중에 아래와 같은 이유에서 비롯된 것은 몇 가지가 됩니까?

   · 당신 자신의 기대나 수준
   · 그릇된 동기
   · 다른 사람과의 의사 소통의 부족

   한두 가지를 택하여 이 분노에 대하여 당신이 무엇을 어떻게 할지 계획을 세워 보십시오.

9. 당신이 만약 권위 있는 자리에 있거나 지도자라면, 늘 다른 사람들의 섬김을 받는 처지에 있을 것입니다. 당신이 자녀를 기르는 어머니라면 어느 한 자녀에게 다른 자녀보다 더 많은 책임을 부과할 수도 있습니다. 문제 7의 질문을 살펴보십시오. 당신이 칭찬하고 격려하는 말이나 행동을 함으로써 다른 사람의 분노를 감소시킬 수 있는 영역이 있다면 두세 가지를 표시해 보십시오. 이에 대해 당신이 하고자 하는 것과 어떻게 할 것인지를 기록해 보십시오.

10. 한 사람은 주기만 하고 한 사람은 받기만 하는 관계에서는 이 원리가 어떻게 적용될 수 있습니까?

11. 이 과에서 배운 원리를 분노에 차 있는 친구를 돕는 데에 어떤 식으로 적용할 수 있겠습니까?

성경 암송

마음을 지킴 - 잠언 4:23
섬김에 대한 올바른 동기 - 골로새서 3:23-24

8. 사울 왕

- 명성에 대한 욕구 -

원리

인정, 인기, 그리고 명성에 대한 욕구는 결국 하나님과 멀어지게 합니다.

> 하나님께서는 자기 생각으로 가득 찬 사람을 빼고는 아무도 빈손으로 돌려보내지 않으신다.   - D. 무디

관찰

우리가 맺는 많은 관계 속에서, "멀리 보는 시야"를 갖기란 그리 쉽지 않습니다. 즉, 사람들의 삶의 시작과 끝뿐만 아니라 그 사이에 일어나는 모든 일을 다 보기가 쉽지 않은 것입니다. 결과적으로, 나중에 가서 보면 전적으로 실패한 삶을 산 사람인데, 처음에는 이를 제대로 볼 줄 몰라 그 사람에 대해 섣부른 판단을 내리곤 합니다. 이는 새로이 믿은 사람에 대한 판단이나 대통령 후보에 대한 판단이나 동일하게 적용되는 원리입니다.

  사사 시대를 지낸 후, 이스라엘 백성들은 이웃 나라처럼 왕을 세워 달라고 요구하였습니다(사무엘상 8:1-5). 그들은 인상적인 외모와 사람들을 끄는 특별한 매력이 있는 "대단한" 인물을 원하였습니다. 하나님께서는 마지못해서 그들의 끈질긴 요구를 들어주셨습니다. 사람들이 매력적이라고 생각하는, 키가 크고, 건장한 체격의 멋진 젊은이를 왕으로 허락

하셨던 것입니다. 이렇게 해서 사울은 이스라엘의 첫 번째 왕이 되었습니다. 하나님의 성령이 그에게 크게 임하였고, 그는 변하여 새 사람이 되었습니다(사무엘상 10:6).

그러나 얼마 가지 않아 사울은 권력에 눈이 멀게 되었고, 점점 잘못된 방향으로 변하게 되었습니다. 그는 자기가 모든 것을 주관하고, 인정받고, 무언가 "대단한" 인물이 되고자 하는 욕구에 빠졌습니다. 그 결과로 사울은 그의 생애 말년에 그가 스스로 한 말대로 되었습니다. "내가 어리석은 일을 하였으니 대단히 잘못되었도다"(사무엘상 26:21).

성경 구절

사무엘상 9:1-2, 13:1-14, 15:1-34

질문

1. 사울은 선천적으로 재능이 있었을 뿐만 아니라 나중에는 하나님께서 주신 능력도 갖게 되었습니다. 위에 소개한 사무엘상의 성경 구절을 사용하여 "사울의 인물평"을 당신 나름대로 작성해 보십시오.

   사울의 선천적 재능
   9:2

   9:20-21

   하나님께서 주신 능력
   10:6

   10:7

사울 왕 - 명성에 대한 욕구 55

10:26

11:6

사울에 대한 인물평

2. 사울은 하나님에 의해서 왕으로 선택받고 임명되었습니다. 그러나 세월이 지나면서 그는 누가 진정한 왕인지를 잊게 되었고, 사람들 앞에서의 자기의 명성을 의지하게 되었습니다. 사울의 삶에서 어떻게 이런 변화가 일어났는지를 아래에 소개한 구절을 통하여 살펴보십시오.

10:1-13

13:1-12

15:1-9

28:1-7

3. 사무엘상 15:17에서 사무엘은 사울 왕의 퇴위에 대한 결정적 "단서"가 되는 중요한 언급을 하고 있습니다. 이는 구절의 첫 부분에 나옵

니다. 주의 깊게 읽어 보십시오. 사무엘이 말한 것은 무엇이며, 그 말이 왜 그렇게 중요합니까?

4. 우리는 때로 속으로는 자기 자신을 높이려는 시도를 하면서도 겉으로는 아주 영적인 사람인 양 말하고 행동합니다. 사울은 이 얄팍한 잔꾀를 사용하여 어떤 식으로 자기의 야망과 죄를 합리화하려고 했습니까? 사무엘상 15:12-21

5. 사무엘상 13:11-12과 15:30은 점차 내리막길을 걷고 있는 사울의 행동 뒤에 있는 동기가 무엇인지를 잘 보여 줍니다. 사울은 무엇 때문에 하나님을 멸시하게 되었습니까?

6. 명성에 대한 다음 사람들의 관점은 사울의 관점과 어떻게 비교가 됩니까?

· 세례 요한(누가복음 1:76,80, 3:15-16, 요한복음 3:23,26-30)

· 사도 바울(빌립보서 1:15-18)

· 예수 그리스도(마가복음 9:33-40)

교훈

사울은 자기를 이스라엘의 첫 번째 왕으로 택하여 세우신 하나님께 대한 경외감 가운데 왕으로서 삶을 시작했습니다. 처음에 사울은 매우 겸손하고 감사하는 마음으로 그 영광을 받아들였습니다. 그러나 점차 그는 자기의 지위와 능력에 대하여 교만한 시야를 갖게 되었습니다. 그 결과 그는, 어떤 지위에 있든 하나님의 자녀는 언제나 하나님의 종으로서의 신분을 처음부터 끝까지 유지해야 한다는 중요한 원리를 망각하게 되었습니다.

사울은 "이스라엘의 왕"이라는 지위를 즐겼습니다. 그러나 "하나님의 종"으로서의 신분은 망각했습니다. 사실 왕의 지위는 종의 신분에 기초한 것이었는데 말입니다. 점차 그는 영적인 흉내만 내는 삶을 살게 되었습니다. 그가 한 영적 행동들은 이미 영적인 삶의 진정한 원천이 되시는 하나님과의 관계가 끊어진 다음이었기 때문에 별 의미가 없었습니다. 그는 사람의 인정만 탐하고 하나님의 인정은 우습게 여겼습니다. 그는 처음에 "자기가 보기에도 작은 자"였지만, 시간이 지나면서 다른 사람의 눈에 "큰 자"가 되는 것을 즐기게 된 것입니다.

사울의 이야기는 단순히 성경에 나오는 비극적인 이야기 중 하나인 것만은 아닙니다. 우리들 모두 안에도 이와 같은 경향이 있기 때문입니다. 우리는 사람들의 인정과 갈채에 마음이 끌리는 경향이 있습니다. 심지어는 하나님의 칭찬을 버리고 동료들의 인정을 얻고자 하는 마음까지

먹게 됩니다. 우리도 역시 유명해지고, 존경받고, 인기를 얻고 싶어합니다. 이런 열망이 처음에는 전혀 해롭지 않은 것처럼 보이지만, 그냥 놔두면 결국에는 쓰디쓴 열매를 맺게 됩니다.

적용 질문

7. 우리는 하나님의 "인정"을 받기 위해, 사람들의 인정을 받으려 할 때 사용하는 방법을 하나님께도 그대로 사용할 수가 있습니다. 이에 대하여 어떻게 생각하는지 설명해 보십시오.

8. 사울은 점차적으로 높은 지위에 오른 것이 아니라 갑자기 그런 지위에 오르게 되었습니다. 사울의 삶을 통해, 지도자가 갖춰야 할 태도와 지도자의 임명에 대하여 배울 수 있는 원리는 무엇입니까?

· 지도자의 태도:

· 지도자의 임명:

9. 당신이 인정을 받고자 하는 영역 두 가지를 아래에 기록해 보십시오. 그리고 이에 대하여 당신이 어떤 식으로 행동했는지를 간단히 분석해 보십시오.

10. 당신의 삶에서 영적 시늉만 내는 말과 행동을 통해 다른 사람에게 "좋은 인상"을 얻기 위해 노력했던 것에는 무엇이 있습니까?

11. 문제 9와 10에 대한 당신의 답을 다시 살펴보십시오. 이번 과에서 배운 것을 기초로 하여 살펴볼 때, 당신의 삶에 어떤 변화가 필요하다고 느꼈습니까? 이를 구체적으로 실천하기 위해 무엇을 어떻게 하겠습니까?

12. 아마도 당신은 자기가 인정을 받기 위하여, 의식적이든 무의식적이든 다른 사람들을 밀쳐 내고 그들에게 칭찬과 찬사가 돌아가는 것을 막은 적이 있을 것입니다. 만약 그렇다면 당신은 이에 대하여 무엇을 할 수 있겠습니까?

성경 암송

명성의 함정 - 사무엘상 15:24
명성에 대한 예수님의 처방 - 마가복음 9:35

9. 열 명의 정탐꾼

- 마음을 좀먹는 부정적 태도 -

원리

늘 불평만 하는 사람은 다른 사람이 기쁨을 누리지 못하게 하며, 사람들이 시야를 하나님께 고정시키지 못하게 합니다.

> 냉소적인 사람은 값만 알 뿐 가치는 하나도 모르는 사람이다.
> - O. 와일드

관찰

이스라엘 민족이 애굽의 박해와 압제에서 탈출한 이야기는 여러 기적적인 사건으로 가득 차 있습니다. 애굽의 모든 장자의 죽음으로부터 홍해 바다에서 애굽 군대를 전멸시킨 사건에 이르기까지 하나님께서는 이스라엘 자손들에게 하나님의 능력을 신실하고도 극적으로 보여 주셨습니다. 아마도 이 때문에 그 다음 장면에서 목이 곧고 완고한 반응을 보이는 이스라엘 백성들을 보며 우리가 참지 못하는 것 같습니다.

이스라엘의 "실패의 가족사(家族史)"를 담은 스크랩북을 펼쳐 보면 경건치 못한 행동들을 전해 주는 기록과 사진들로 점철되어 있지만, 그 가운데서도 가장 선명한 예는 약속의 땅에 들어가기 전에 그들이 하나님께 보인 태도에 잘 드러나 있습니다. 가데스 바네아에서 이스라엘 백성들은 다시는 돌이킬 수 없는 죄를 범했습니다. 사실, 거기서 일어난 일로 말미암아 한 세대 전체가 책임을 지게 되었으며, 젖과 꿀이 흐르는 땅으로 들어가는 일이 40년이나 지연되었습니다.

비록 대부분의 사람들이 한 세대의 죽음과 40년 동안의 지연에 대해서는 익히 알고 있지만, 어떻게 그런 비극이 진행되었는지에 대해서는 정확히 모릅니다. 이 커다란 실패와 죄의 원인을 이해하는 것이 꼭 필요합니다. 결국에 가서는 우리도 이 이스라엘 백성들과 다를 바가 없다는 것을 알게 될 것이기 때문입니다.

성경 구절

민수기 13:1-14:38

질문

1. 가나안 땅에 정탐하러 들어간 열두 명은 한 그룹으로 갔지만, 40일이 지난 다음 돌아올 때에는 보고 내용이 서로 반대되는 두 그룹으로 나뉘었습니다. 민수기 13:26-33을 기초로 다음 항목에 그 내용을 적어 보십시오.

   · 여호수아와 갈렙의 결론.

   · 다른 열 명의 정탐꾼의 결론.

2. 민수기 13:30과 14:6-9을 읽어 보십시오. 다른 사람에게는 없었는데 여호수아와 갈렙에게는 있었던 것은 무엇입니까? (이로 말미암아 그들은 서로 다른 결론에 도달하게 되었습니다.)

열 명의 정탐꾼 - 마음을 좀먹는 부정적 태도 63

3. 열 명의 정탐꾼이 거의 300만 명에 이르는 민족 전체에 끼친 영향을
생각해 보십시오. 아래에 제시한 성경 구절을 가지고 사람들의 행동
이 어떤 식으로 바뀌었는지를 다시 구성해 보십시오.

구절	행동
13:1-2	
13:21-27	
13:28-29	
13:31	
13:32	
14:1	
14:2-3	
14:4,10	
14:26-31	

4. 열 명의 정탐꾼은 부정적인 태도를 통해 민족 전체에 영향을 주었습
니다. 이를 통해서 당신은 사람들(백성들)의 자연스런 성향이 어떻
다고 할 수 있겠습니까? (이 성향으로 말미암아 몇 안 되는 사람의

부정적인 태도가 너무도 크고 빠른 파급 효과를 민족 전체에 미치게 되었습니다.)

5. 하나님께서는 한 개인의 태도와 말이 그 사람 주변에 미칠 수 있는 영향에 대해 매우 큰 관심을 가지고 계십니다. 아래에 소개한 성경 구절을 살펴보고, 부정적 태도에 관한 각 구절의 핵심적 진리를 기록해 보십시오.

신명기 20:1,8

잠언 18:21

마태복음 12:36

히브리서 12:15

야고보서 3:2

야고보서 3:5

6. 민수기 14:24에서 하나님께서는 갈렙에 대하여 흥미로운 언급을 하십니다. 이는 어떤 내용이며, 빌립보서 2:14-15에서 바울이 모든 그리스도인들에게 명한 것과 어떤 관계가 있습니까?

교훈

열두 명의 정탐꾼은 동일한 명령을 들었고, 함께 여행을 했으며, 같은 장면을 목격했습니다. 그럼에도 돌아올 때에는 서로 상당한 의견 차이가 났습니다. 열 사람은 친구 및 가족과 함께 다 죽게 될 것이라고 생각했고, 반면에 두 사람은 같은 어려움 속에서도 하나님께서 약속하신 축복을 보았습니다. 여호수아와 갈렙은, 실족하여 불평에 치우친 다른 열 사람과는 "다른 태도"를 갖고 있었습니다.

열 사람의 부정적 태도는 두 사람이 선포한 긍정적 메시지를 어둡게 했을 뿐만 아니라 마치 엎질러진 기름처럼 민족 전체에 재빨리 확산되었습니다! 애굽을 떠날 때부터 여러 기적을 직접 목격했던 이스라엘 백성들이 이전에 종살이하던 시절을 그리워하게 된 것입니다!

가데스 바네아에서 일어난 일은 엄청난 비극입니다. 그러나 열 사람의 불평과 원망이 결국 수백만의 소망을 가리운 것과 같은 동일한 일이 오늘날에도 일어납니다. 열 사람이 끼친 해독은 팔레스타인의 광야에서 끝나지 않았습니다. 오늘날 우리에게도 여전히 남아 있습니다!

적용 질문

7. 열 사람은 불평하고 원망하기 전에 먼저 하나님의 성품에 대하여 제대로 이해할 필요가 있었습니다. 다음에 당신이 습관적으로 불평하고 원망할 수 있는 영역을 소개하였습니다. 적용이 되는 모든 영역

에 표시하고, 옆에 있는 여백에 당신 자신의 불평을 옹호하기 위해 하나님의 어떤 성품을 무시했는지를 기록해 보십시오.

영역	잊어버린 하나님의 성품
□ 건강	
□ 직업	
□ 수입	
□ 외모	
□ 체중	
□ 나이	
□ 친구	
□ 상관	
□ 배우자	
□ 자녀	
□ 담임 목사	
□ 교회	
□ 지위	

영 역	잊어버린 하나님의 성품
☐ 성공	
☐ 여가	
☐ 과거	
☐ 현재 상황	

8. 당신의 답을 다시 살펴보십시오. 4개 이상 표시했다면, 당신은 부정적인 태도의 소유자일 수 있습니다. 주위에 있는 친한 친구에게 물어 보십시오.

 · 당신을 부정적인 사람으로 보고 있는지.
 · 만약 그렇다면, 당신의 부정적 태도를 제거하는 데에 도움을 줄 수 있는지.

9. 에베소서 4:29과 데살로니가전서 5:18에 의하면, 당신의 태도와 말에는 어떤 특징이 드러나야 합니까?

10. 열 명의 정탐꾼과 마찬가지로 우리는 부정적인 태도와 말을 통해 다른 사람들에게 "해를 끼칠 수" 있습니다.

 · 어떤 사물 혹은 사람에 대해 당신이 그릇된 견해를 갖도록 지속적

으로 부정적인 말을 하는 사람이 있습니까? 그런 사람에 대해서는 정중하게 그런 말을 하지 말라고 요구해야 할 것입니다.

· 당신은 부정적인 태도를 통해 어떤 사물이나 사람에 대하여 다른 사람이 그릇된 견해를 갖도록 "해를 끼치고" 있습니까? 그렇다면 이를 즉시 멈추어야 합니다. 이에 대하여 당신이 무엇을 어떻게 해야 할 것인지 계획을 세워 보십시오.

11. 아마도 당신은 삶 속에서 긍정적인 것보다는 부정적인 것에 대하여 이야기하기가 더 쉽다는 것을 발견하게 될 것입니다. 당신의 삶에서 긍정적인 것 열 가지를 지금 즉시 기록해 보십시오. 그 가운데 두 개를 골라 오늘 만나는 사람들에게 이야기하도록 하십시오.

성경 암송

원망하지 말라 - 빌립보서 2:14-15
감사하라 - 데살로니가전서 5:18

10. 요셉

- 희생자인가 승리자인가 -

원리

순종하는 하나님의 자녀에게는 비극과 재앙과 시련이 모두, 절대 주권을 가지시고 사랑이 많으신 하나님 아버지께서 주시는 영적 성장의 기회가 됩니다.

    역경은 하나님의 학교다.   - P. 에반스

관찰

야곱의 열두 아들은 나중에 이스라엘 민족을 이루었습니다. 그들 각자의 삶은 그 자체로 하나의 드라마입니다. 그러나 열한 번째 아들이었던 요셉의 삶은 오늘날에도 여전히 중요한 교훈을 남기고 있습니다. 그의 드라마는 스릴이 가득하며, 형제들간의 반목과 사랑과 성적 유혹과 정치적 위험과 우애와 속임수 등의 요소가 골고루 들어 있습니다.

    요셉은 늘 형편없는 대우, 오해, 억울한 판결을 경험해야 했습니다. 그는 인생의 극과 극을 다 경험했습니다. 그는 성공의 환희, 배신의 고통, 그리고 치욕적인 상황에 처하는 것이 무엇인지를 알았습니다. 사도 바울의 표현을 빌리자면, 요셉은 비천에 처할 줄도 알고 풍부에 처할 줄도 알았습니다(빌립보서 4:12 참조). 이 젊은이의 인생에서 모든 고통스런 환경은 다 다른 사람의 행동과 결정 때문에 생긴 것이었습니다!

만약 요셉이 오늘날에 살았다면, 우리는 아마도 그를 억울한 환경, 즉 개인의 "권리"가 철저히 무시되고 침해된 환경의 "희생자"라고 생각할 것입니다. 그러나 요셉은 자기를 어떤 시야로 바라보았습니까? 그보다 더욱 중요한 것은, 그는 정말 "희생자"였습니까?

성경 구절

창세기 37:1-28, 39:1-23, 40:1-23

질문

1. 아래에 요셉의 삶에서 가장 비극적인 세 가지 사건을 설명했습니다. 각 사건을 자세히 살펴보고 다음 사항을 기록해 보십시오.

   · 상황에 대한 간단한 설명
   · "가해자(加害者)"는 누구인가(그리고 그렇게 생각하는 이유)
   · 요셉의 심정과 생각

   사건 1 - 창세기 37:18-28(창세기 37:3-4 참조)
   상황:

   "가해자":

   요셉의 심정과 생각:

   사건 2 - 창세기 39:1-23
   상황:

"가해자":

요셉의 심정과 생각:

사건 **3** - 창세기 40:1-23
상황:

"가해자":

요셉의 심정과 생각:

2. 만약 당신이 요셉과 친한 친구였다면, 도단과 보디발의 집과 바로의 감옥에서 일어난 일을 다 보고서 요셉을 "희생자," 즉 자기의 "권리"가 침해를 받은 피해자라고 생각했겠습니까? 설명해 보십시오.

3. 요셉은 그의 삶에 일어난 비극적 상황과 자신의 "권리" 침해에 대하여 어떤 식으로 생각했습니까? 창세기 45:1-5, 50:18-20

4. 만약 현대에 살고 있는 사람이 십자가 사건에 대한 성경의 설명을 하나도 모른 채 그 당시로 돌아가 골고다 언덕에서 일어난 사건을 다 보았다면, 그는 예수님을 "희생자"로 보고 십자가는 인간의 비극적 과오라고 생각할까요? 설명해 보십시오. (솔직하게 말하십시오!)

5. 베드로는 십자가 사건의 주된 이유를 무엇이라고 말했습니까? 사도행전 4:27-28

6. 만약 요셉과 예수님이 하나님께 진정으로 순종하는 삶을 살았다면, 어떤 의미에서 요셉과 예수님은 "희생자"가 될 수 없습니까?

교훈

무자비하고 부당하며 "운 나쁜" 일을 겪고 견뎌 낸 요셉의 삶은 참으로 격려가 되며, 더 나아가 자녀들의 삶에 절대 주권을 가지신 하나님을 진지한 마음으로 생각하게 만듭니다. 요셉은 형들에게 "당신들은 나를 해하려 하였으나 하나님은 그것을 선으로 바꾸사"(창세기 50:20)라고 말했습니다. 이는 하나님의 가족으로 살아가는 그리스도인들에게는 참으로 격려가 되는 진리입니다.

오늘날 같으면 요셉은 어떤 조언을 받았을 것이라고 생각합니까? 당신과 나는 요셉이 이런 결론에 도달하도록 도와줄 것 같습니까? 아니면 그에게 "자기 권리를 주장하라"고 부추기면서, 그의 부친과 형제, 혹은 보디발의 아내나 바로의 술 관원을 원망하라고 말하겠습니까?

자신이 다른 사람의 "희생자"라는 피해 의식은, 인생의 모든 고통을 설명해 보려고 만든 이 시대의 사상적 산물입니다. 이런 식으로 생각하면 우리의 감정적 고통이 일시적으로 완화되기는 하겠지만, 결과적으로는 하나님의 능력과 하나님께서 진정으로 우리를 보살펴 주신다는 확신을 교묘하게 파괴할 뿐입니다.

적용 질문

7. "하나님은 그것을 선(善)으로 바꾸사"라고 한 요셉의 말은 어찌 보면 실제로 "선"을 경험한 그로서는 하기가 쉬운 말일 수도 있습니다. 그러나 선한 것이라곤 도대체 생기지 않을 것 같은 환경에서는 어떻게 해야 합니까? 요셉의 삶에서 배운 원리가 여전히 적용됩니까? 설명해 보십시오.

8. 살아 있을 동안에 아무런 "선"이 일어나지 않았던 성경의 인물이 있습니까? 기록해 보십시오.

9. 우리에게 고통을 주는 사람이나 환경을 원망할 때, 그리스도인인 우리는 자기도 모르는 사이에 하나님을 원망하는 것이라고 할 수 있습니까? 설명해 보십시오. 욥기 2:9-10 참조.

10. 당신의 권리가 침해되거나 당신이 "희생자"가 되었다고 생각되는 환경이 최근에 있었습니까? 기록해 보십시오.

11. 당신 주위에는 자기가 희생당했다고 느끼는 사람이 있을 것입니다. 그 사람에게 본과에서 배운 원리를 창의적이고 민감한 태도로 전달할 수 있는 방법이 있겠습니까?

12. 시간을 내어, 과거에 일어났던 일 가운데서 당신이 그릇된 시야를 가지고 바라본 것이 있으면, 특히 하나님께 희생당하거나 부당한 대우를 받았다고 생각한 것이 있으면 주님께 기도로 아뢰십시오. 이를 절대 주권을 가지신 하나님의 사랑 가운데 바라볼 수 있게 도와 달라고 기도하십시오.

성경 암송

고난에 대한 하나님의 목적 - 야고보서 1:2-4
고난 가운데 있을 때 우리의 책임 - 베드로전서 4:19

11. 예수님

- 사랑하는 사람의 죽음 -

원리

사랑하는 이의 죽음을 맞이할 때 그리스도인은 소망과 슬픔을 둘 다 가질 수 있습니다.

우리는 사랑하는 사람이 죽을 때에야 처음으로 죽음을 이해한다.
- A. 드스타엘

관찰

죽음은 인간에게 마지막 남은 미지의 영역입니다. 우리는 생의 한 시점에서 죽음의 실체를 받아들여야 합니다. 때로 우리는 죽음의 보복을 두려워하지 않고 죽음의 권세에 도전하기도 하지만, 어떤 때는 죽음의 그림자가 드리울 때 무서워 벌벌 떱니다. 아마도 죽음 다음에 무엇이 있는지 불확실하기 때문에 그처럼 불안해할 것입니다. 대부분의 사람들에게 죽음은 미지의 곳으로 들어가는 길게 뻗은 어두컴컴한 복도 같기도 하고, 이 세상에서 귀하게 보이는 모든 것을 빼앗아 가는 도둑처럼 보이기도 합니다.

그러나 하나님의 자녀인 우리에게는 어떻습니까? 죽음에 대한 우리의 인식이 세상과는 확연히 구별되어야 하지 않겠습니까? 약 2,000년 전에 있었던 예수 그리스도의 부활을 통해 우리는 이 세상의 삶이 끝이 아니며 단지 영생으로 이르는 길이라는 것을 확신하게 되었습니다. 그렇기 때문에 그리스도인은 죽음을 두려워할 필요가 없습니다.

그렇지만, 우리가 사랑하는 사람 - 배우자, 자녀, 부모, 혹은 친한 친구 등 -의 죽음을 우리는 어떻게 맞이해야 합니까? 이런 슬픔에 어떻게 반응하는 것이 성서적입니까? 다행스럽게도 우리는 예수님께서 보여 주신 본이 있습니다. 사랑하는 사람이 죽었을 때 예수님께서 보이신 반응은, 거의 2,000년 전 먼지 날리는 팔레스타인 지방의 한 촌에서나 현재나 동일하게 중요한 의미가 있습니다.

성경 구절
요한복음 11:1-44

질문

1. 예수님께서는 나사로의 죽음에 대해 이미 계획하신 바가 있었다는 것을 무엇을 근거로 알 수 있습니까? 11:3-7,11-14 참조.

2. 가. 마르다, 마리아, 그리고 예루살렘에서 온 유대인들의 말 속에는 어떤 가정이 담겨 있습니까? 요한복음 11:21,32,37

나. 사랑하는 사람이 죽었을 때 우리도 그들과 비슷한 가정을 할 것이라고 생각합니까?

다. 그들의 말에 대한 예수님의 응답에서 우리가 얻을 수 있는 위로는 무엇입니까(23,25-26,33,35,38절 참조)? (예수님께서 하신 것과 하지 않으신 것을 주목해서 보십시오.)

3. 마르다와 마리아를 만나서 무덤에 이르기까지 예수님께서 보이신 반응을 "슬픔"이라고 할 수 있겠습니까? 설명해 보십시오.

4. 바울은 우리 몸의 부활에 대해 소망과 확신을 가질 수 있다고 자주 강조했습니다(로마서 8:11). 바울은 데살로니가전서 4:13-14에서 다른 사람들의 죽음에 대하여 슬퍼하지 말라고 했습니다. 우리는 신자의 죽음과 불신자의 죽음을 구별해야 합니까? 설명해 보십시오.

5. 마르다는 예수님을 만났을 때 조금만 일찍 오셨으면 나사로가 죽지 않았을 것이라는 말을 했습니다. 그때에 주님께서는 소망을 주는 말씀을 하셨습니다(요한복음 11:23). 그러나 마르다는 이를 단순한 교리적 설명으로만 생각했습니다(11:24). 예수님께서 마르다에게 하신 다음 말씀은 매우 중요합니다(11:25-26). 주님께서 마르다가 깨닫기를 원하신 것은 무엇입니까?

교훈

예수님께서는 나사로의 죽음을 허락하셨는데, 이는 영원한 생명에 대하여 가르치려는 목적이 있었기 때문입니다. 그러나 나사로가 죽었다가 다시 살아나는 과정을 통해 오늘날 우리가 배울 수 있는 귀중한 교훈이 있습니다.

우리는 예수님께서 마르다와 마리아를 대하신 것을 통하여, 하나님께서는 심히 사랑하는 사람의 죽음을 맞이한 우리의 감정을 충분히 이해하신다는 사실을 배울 수 있습니다. 우리는 예수님의 반응 속에서, 죄와 죽음의 파괴적 결과로 말미암은 두 자매와 친구들의 슬픔과 고통을 진정으로 체휼하시고 슬퍼하셨음을 볼 수 있습니다. 예수님께서는 눈물을 흘리셨습니다. 예수님께서는 그들에게 고인의 덕이나 기리며 위로의 말을 하거나, 그들의 고통을 하찮은 것으로 여기거나 하지 않으셨습니다. 대신에 예수님께서는 그들과 함께 우셨습니다! 만약 하나님의 아들이신 예수님께서 그렇게 슬퍼하며 눈물을 흘리셨다면, 우리가 이보다 덜할 수 있겠습니까?

그러나 예수님께서는 고통 중에 있는 그들에게 소망을 주는 말씀을 하셨습니다. 성경 구절을 그저 인용하거나 이론적이고 교리적인 말을 하신 게 아니라 생명의 창조주 되신 주님 자신에 대한 산 소망을 심어 주시려 했던 것입니다.

다른 그리스도인이 죽었을 때, 하나님께서는 우리가 소망 가운데서도 슬퍼할 수 있다는 사실을 알기 원하십니다. 따라서 우리는 사랑하는 사람의, 필연적이지만 예기치 못한 죽음을 맞이했을 때, 슬퍼하는 것이 하나님 앞에 잘못된 것이 아니며 죽음이 "끝"이 아니라는 것을 확신하면서 소망 가운데 슬퍼할 수 있는 것입니다. 우리가 사랑하는 사람은 가버린 게 아니라 현재 여기에 없는 것일 뿐입니다. 그리스도인으로서 우리는 죽음에 대하여 슬퍼하며 고통을 느낄 수 있습니다. 그러나 동시에 영원한 시야를 유지해야 합니다(고린도후서 4:16-18, 골로새서 3:1-4). 우리는 그리스도 안에서 형제 자매들과의 이별만큼이나 그들과의 재회가 확실하다는 사실을 알기에 기뻐할 수 있습니다.

이 모든 것을 아는 것만으로도 우리는 위로를 얻을 수 있습니다. 그러나 어떻게 이를 삶 가운데 적용할 수 있습니까?

적용 질문

6. 이 과에서 배운 것을 기초로 다음 진술을 변호하여 보십시오. "그리스도인이 동료 그리스도인의 죽음에 대하여 슬픔과 소망을 나타내는 것은 둘 다 정당한 반응이다."

7. 이 원리가 다음 상황에서 당신을 어떻게 도와줍니까?

· 최근의 죽음

· 장차 있을 죽음

· 사랑하는 사람을 잃은 친구

8. 슬픔과 소망의 균형을 이루는 것은 참으로 어려운데, 어느 한 쪽에 "치우치는" 것은 어떤 위험이 있습니까?

· 소망의 측면에 치우칠 때

· 슬픔의 측면에 치우칠 때

9. 이 원리가 불신자의 죽음을 맞이했을 때에도 동일하게 적용됩니까? 설명해 보십시오.

10. 이 과에서 배운 교훈을 기초로, 사랑하는 사람의 죽음을 맞이한 사람들에게 당신이 말하거나 행동해서는 안 되는 것을 한번 죽 적어 보십시오.

성경 암송

죽음은 끝이 아니다 - 요한복음 11:25-26
소망 가운데 슬퍼함 - 데살로니가전서 4:13-14

12. 성령

– 오해받는 "보혜사"? –

원리

고난에서 빠져 나오려고 당신이 분주히 움직일 때, 하나님의 더욱 큰 목표를 간과할 수도 있습니다.

> "성령을 믿사오며" 라고 말할 때마다, 살아 계시며 우리 안에 들어오사 우리를 변화시키기 원하시고 또 그럴 능력을 가지신 하나님이 계심을 믿는다고 하는 것이다.   - J. B. 필립스

관찰

많은 사람들이 성령이 누구신가에 대한 질문을 하곤 합니다. 성경에서는 성령을 "보혜사(保惠師)"라고 합니다. 이 이름은 헬라어로 파라클레토스(parakletos)인데, 상담자, 위로(격려)자, 조력자, 변호자, 조언자 등 여러 의미를 지니고 있습니다.

그러나 오늘날 우리들은 이 이름을 오늘날의 사고방식으로 해석하여 성령에 대하여 잘못된 인상을 가지고 있습니다. 오늘날은 "격려," "위로"와 같은 단어를 사용할 때, 위안, 동정, 불쌍히 여김 등의 이미지를 가지고 사용을 합니다. 결과적으로, "보혜사" 성령은 우리의 고통에 깊이 개입하시되, 대부분 감정적인 차원에서만 우리와 관계가 있다고 생각합니다.

"격려"는 오늘날 감정적 위로에 국한되어 사용됩니다. 물론 성령께서 감정적 위로도 하여 주시기는 하지만, 이것이 파라클레토스(parakletos)의 주된 의미는 아닙니다. 또한, 성령께서 우리 삶 가운데서 하시는 역사의 주된 초점도 아닙니다. 어떤 경우에는 그 반대 방향으로 사용될 경우도 있습니다. "위로"라는 말에는 "강화시키다, 굳세게 하다"라는 의미도 있고, "격려"라는 말에는 "용기를 불어넣다"라는 의미도 있습니다.

다시 말해서, 파라클레토스(parakletos)라는 말은 마음을 달래는 것보다는 강하게 하는 것이며, 감정적 위로라기보다는 새로운 용기를 주는 것이고, 동정하는 것이라기보다는 새로운 힘을 북돋아 주는 것입니다. 쓰러질 위기에 처한 사람을 굳게 서도록 도와주는 것을 의미하는 것입니다.

이런 차이를 이해하며 함축된 의미를 아는 것은 매우 중요합니다. 이것은 감정적으로 실망스럽거나 침체되었을 때 성령 하나님을 제일 먼저 의뢰할 것인지 그렇지 않을 것인지에 영향을 미칠 뿐만 아니라, 의뢰할 경우에는 성령으로부터 어떤 식의 도움을 기대할 것인가에 영향을 미치기 때문입니다.

성경 구절

요한복음 14:15-27, 16:5-15
로마서 8장

질문

1. 가. 어렵고 고통스런 상황에 처했을 때, 우리가 대개 어떤 경향을 보이는지에 대하여 다음 구절에서 보여 주는 것은 무엇입니까? 이사야 65:2, 예레미야 2:13, 갈라디아서 3:3

나. 왜 우리가 이런 경향을 보인다고 생각합니까?

2. 가. 예레미야 17:5-6은 자기 자신의 힘으로 상황을 "해결"하려는 사람에 대하여 하나님께서 말씀하신 것입니다. 이 구절을 당신 자신의 말로 다시 써보십시오.

나. 왜 이런 결과가 생긴다고 생각합니까?

3. 우리는 앞에서 성령의 "위로"가 단순히 감정을 달래거나 동정심을 보이는 것이 아니라 새로운 힘과 용기를 주는 것임을 보았습니다. 다음 구절을 읽고 성령께서 우리에게 "새로운 힘을 주시는" 영역이 무엇인지 살펴보고, 어떻게 혹은 왜 그렇게 행하시는지 기록해 보십시오.

구 절	성령의 위로
시편 73:21-26	
로마서 15:4	
로마서 8:26-27	
골로새서 4:8	
히브리서 3:12-13	

4. 고린도후서 1:3-4에서 하나님께서는 우리를 위로하시는 목적에 대하여 말씀하여 주십니다. 하나님께서는 왜 우리를 위로하여 주십니까? 이 구절을 통해 그리스도인과 고난에 대하여 어떤 원리를 배울 수 있습니까?

교훈

하나님께서는 사랑과 긍휼이 풍성하신 아버지이시며 언제나 자녀들에게 가장 좋은 것을 주기 원하신다는 사실은 의심의 여지가 없습니다. 그러나 우리가 고난과 어려움 가운데 있을 때 단순히 건져내는 정도가 아니라 성령을 통해 우리를 강건하게 만들기 원하신다는 것도 사실입니다. 때로 우리가 처한 환경은 우리의 영적 성장과 변화를 위한 좋은 도구가 됩니다. 하나님께서는 능력을 주실 것을 약속하셨으며, 하나님의 말씀과 하나님의 사람과 하나님의 성령을 통하여 우리에게 능력을 공급하여 주십니다.

우리가 어려움에 처했을 때 하나님께서 우리를 위로하여 주시는 이유 가운데 하나는, 우리와 비슷한 처지에 있는 다른 사람들을 위로해 줄 수 있는 능력을 길러 주시기 위한 것입니다. 그리스도인들에게 있어서, 고난은 때로 정말 좋은 목적이 담겨 있는 것일 수도 있습니다. 고난 가운데 있을 때 우리가 당하기 쉬운 가장 큰 유혹은 진정한 위로보다는 단순한 감정적 달램을 더 원하는 것입니다. 이런 유혹에 넘어가면 진정한 성령의 역사를 경험하지 못하게 됩니다.

적용 질문

5. 어려움 가운데 있을 때 피하거나 위로를 구하거나 인도를 의뢰하는 대상을 당신이 선호하는 순서대로 나열해 보십시오. 몇 가지 예가 제시되었습니다. (당신의 상태와 취향에 대하여 다른 사람의 객관적 견해를 알아보기 위하여 다른 사람에게 동일한 질문을 할 수도 있습니다.)

1. _____	· 가까운 친구
2. _____	· 배우자
3. _____	· 하나님
4. _____	· 상담가
5. _____	· 자녀
6. _____	· 성경 말씀
7. _____	· 목회자
8. _____	· 부모
9. _____	

6. 이제 이 과에서 배운 교훈을 기초로 당신의 우선 순위 목록을 다시 작성해 보십시오. 이번에는 당신이 올바르다고 생각하는 우선 순위를 기록해 보는 것입니다.

1. _____
2. _____
3. _____
4. _____
5. _____
6. _____
7. _____
8. _____
9. _____

7. 고난 가운데서 하나님을 의뢰할 때 당신은 일반적으로 성령께서 당신에게 무엇을 해주시기를 기대합니까?

8. 당신 삶에서 겪은 고통스런 경험을 통해 어떻게 다른 사람들을 진정으로 위로하고 격려할 수 있게 되었는지를 기록해 보십시오.

9. 문제 5와 6에서 기록한 당신의 답을 다시 살펴보십시오. 고난 가운데 있을 때 당신의 태도에 변화의 필요성이 있습니까? 만약 그렇다면 어떤 변화가 필요합니까? 이에 대하여 어떤 계획을 세울 수 있겠습니까?

성경 암송

격려의 자원 - 베드로후서 1:3
격려의 원천 - 로마서 15:13

본 출판사의 서면 허락 없이는 본서의 전부 또는
일부의 무단 복제, 또는 원문에 대한 무단 번역을 금합니다.

달려가도 지치지 아니하며

초판 1쇄 발행: 1999년 12월 1일
초판 5쇄 발행: 2023년 10월 20일

펴낸곳: 네비게이토 출판사 ⓒ
주소: 03784 서울시 서대문구 연희로 16 (창천동)
전화: 334-3305(대표), 334-3037(주문), FAX: 334-3119
홈페이지 http://navpress.co.kr
출판등록: 제10-111호(1973년 3월 12일)

ISBN 978-89-375-0234-7   03230